AF336586

9 *Avril* 1848.

### PROJET
# D'ASSOCIATION DES TRAVAILLEURS
#### EN PORCELAINE.

**Centralisation de l'industrie Porcelainière.**

## A MM. les Fabricants et les Ouvriers Porcelainiers.

Nous nous croyons obligés, avant de vous soumettre ce plan d'association, de vous donner quelques explications sur les raisons qui nous ont déterminés, nous, décorateurs, à nous occuper de la fabrication de la porcelaine blanche.

Le 12 mars dernier, dans une assemblée composée en majeure partie de peintres sur porcelaine, réunis dans le but de s'entendre sur les intérêts de leur profession, il a été nommé une commission composée de 15 membres, chargée d'étudier les causes de la souffrance qui mine notre industrie, et d'en proposer le remède.

Cette commission, dès sa première réunion, s'est trouvée divisée d'opinions sur le remède, mais non sur les causes. La minorité, composée de 4 membres, a cru devoir s'arrêter à un projet basé sur la marque et le tarif des produits de chaque doreur, et d'une caisse de secours.

La majorité, composée de 11 membres, a pensé que ces moyens ne remédiaient aucunement :

1° A la décadence de notre industrie.
2° A l'amoindrissement de nos opérations.
3° A la gêne des maîtres.
4° Aux chômages successifs.
5° A la diminution lente et continue du salaire.
6° Et à la misère des ouvriers.

Ayant conclu à l'insuffisance de ces moyens, elle les a rejetés.

La majorité a reconnu que l'intervention de la marque était pour les doreurs une institution illusoire ; car, en porcelaine, aujourd'hui que les genres réguliers n'ont plus de vogue, il serait impossible de considérer comme sien un dessin appliqué sur des pièces *rocaille*, dont la disposition ne permet aucune invention sérieuse de la part du décorateur, mais comporte seulement une plus ou moins grande richesse dans l'établissement.

En ce qui touche les décorateurs, la marque constitue à leur détriment une nouvelle maîtrise ; car elle fait de la création de ces derniers la propriété des maîtres doreurs, ce qui est injuste, et par conséquent inadmissible.

La liberté de mutation d'atelier étant un droit incontestable de l'ouvrier, il se priverait donc de cette liberté, de ce droit, en s'astreignant à ne pas produire dans un atelier ce qu'il aurait produit dans un autre, à moins de compromettre gravement ses intérêts, en s'exposant à des répressions qui attenteraient à son indépendance comme travailleur.

Sous le rapport de l'institution d'une caisse de secours,

La majorité a reconnu qu'une caisse de secours, comme remède essentiel aux maux dont nous sommes dévorés, partait d'une pensée qui tout d'abord séduit et entraîne par son aspect humanitaire.

Elle a examiné si cela suffirait à relever notre industrie et à rassurer les travailleurs contre les perplexités que créent l'irrégularité, le désordre du commerce.

Pour faire figurer dans cette caisse une somme assez considérable pour subvenir aux frais, soit de maladies, soit d'infirmités, ou de toute espèce d'accidents naturels ou commerciaux (car ce dernier cas est signalé), il faudrait des cotisations d'une certaine valeur. Et franchement, ce ne sont pas les pères de famille, ce ne sont pas les ouvriers maladifs qui pourraient acquitter cette cotisation.

Ce sont précisément ceux qui ont le moins besoin d'être secourus qui seuls feraient les fonds que nécessiterait cette caisse.

Eh bien ! nous le demandons, est-ce une institution bien sérieuse, celle qui vient au secours de qui peut s'en passer? Est-ce un remède bien sérieux, celui qui s'adresse aux gens bien portants? Car enfin, que ferait la caisse philanthropique, si quelques sociétaires étaient atteints de maladies chroniques ou incurables? Il faudrait qu'elle épuisât ses fonds, qu'elle se ruinât ou qu'elle abandonnât ceux de ses membres dont le malheur serait dès lors plus profond, plus poignant !  .

Ainsi, nous n'hésitons pas à dire qu'une caisse de secours, isolée d'une large combinaison industrielle, serait de la plus parfaite insignifiance.

Et d'ailleurs, cette institution ne serait pas une innovation : la capitale en compte une foule de semblables, trè-bien réglementées, et où il est facile d'être admis. La majorité de la commission a cru devoir se placer de plus haut pour remédier à des calamités qui, pour notre industrie, sont des calamités générales. Elle a pensé qu'il n'y avait de salut pour tous que dans la garantie du travail pour tous, dans la destruction de l'antagonisme, et, pour y parvenir, elle a conclu à l'association.

Une fois entrée dans cette voie, elle ne s'est pas arrêtée à la seule association des peintres et doreurs.

Pour former une garantie d'avenir, elle a été logiquement conduite à fondre dans une vaste association les fabricants de blanc et leurs ouvriers, convaincue que cette idée, essentiellement fraternelle, remédiait d'un seul coup aux maux communs, en donnant à tous les travailleurs une unité d'action et de bien-être impérissable.

Elle a fermement cru être autorisée, par ses sympathies franches et loyales, à traiter une question qui semblerait tout d'abord lui être étrangère.

Cette question, elle l'a traitée avec âme, sans se dissimuler son incompétence technique ; à l'égard de la fabrication, elle l'a résumée par un projet qu'elle vient vous soumettre, vous priant de ne le considérer que comme un *projet*, et non comme un arrêté définitif, ainsi que certains esprits avaient cru devoir le comprendre.

Ce projet, elle le croit bon quant au fond, essentiellement discutable et perfectible quant à la forme.

La majorité de la commission vous prie donc de l'examiner, de le commenter et de consigner par écrit toutes vos observations, soit pour le parfaire ou le combattre.

Elle se met en tout temps, à toute heure à votre disposition pour recevoir ces observations et répondre à toute discussion qui pourrait jeter quelque lumière sur des intérêts aussi nombreux que légitimes et respectables.

Elle vous supplie de croire à la pureté de ses intentions et aux sentiments de fraternité et de dévoûment qui l'animent,

E. HALOT.  A. SCHILT.

ANTOINE.  DESVIGNES aîné.

ELU.  DESVIGNES cadet.

BAZIN.  BEDIGIE.

BAUDE.  E. GILBERT jeune.

LABOREAU.

# PROJET

# D'ASSOCIATION DES TRAVAILLEURS

## EN PORCELAINE.

### Centralisation de l'Industrie Porcelainière.

Un malaise profond, sans solution et sans terme apparents, mine depuis longtemps la société, à mesure qu'elle paraît progresser en art, en industrie, en découvertes.

Le fabricant voit frappés d'impuissance et de stérilité ses efforts, tout en les multipliant, en constatant chaque jour un nouveau progrès d'économie et d'activité.

L'ouvrier, de son côté, voit avec anxiété décroître les proportions du salaire en même temps que s'augmenter les charges de la vie.

Et pour ce dernier surtout, au sein des villes, ces charges sont nombreuses, dépassent de beaucoup les ressources du travail qui devraient au moins se compenser avec les besoins actuels. A qui s'en prendre d'une pareille situation ?

Faut-il acuser la nature de ne pas fournir aux besoins de ses enfants ?

La continuité de ses bienfaits ne permet pas une pareille supposition qui serait un blasphême : il ne faut pas non plus en accuser personnellement ni les négociants, ni les patrons, ni les ouvriers ; chaque individu étant impuissant contre un entraînement général où les plus gens de cœur sont obligés de suivre le torrent s'ils ne veulent périr.

Il faut, selon nous, en accuser le manque de convention ou d'organisation du travail, qui, particulièrement dans ces derniers temps, a soulevé tous les vices de l'individualité au détriment de l'intérêt général, au détriment de l'avenir de tous les travailleurs.

Selon nous, tous ces fléaux ressortent de l'égoïsme qui a créé la concurrence, source incessante de l'anarchie industrielle.

C'est ce que nous allons tenter de prouver dans un exposé par demandes et réponses afin que toutes les questions soient parfaitement distinctes, et que l'attention se fixe bien et sans confusion sur chaque point.

Par quel moyen se produit la concurrence?

Par l'offre à la consommation de produits identiques quant à l'espèce, différents quant à la qualité et aux prix.

Tant que les moyens de production étaient au-dessous de la consommation, et cela dans l'enfance de l'industrie, les positions se trouvaient à peu près conciliées; le fabricant pouvait rémunérer l'ouvrier selon son mérite et approximativement en proportion de ses besoins. N'ayant pas encombrement de produits, il pouvait attendre l'acheteur, et faire son choix de clients sous le rapport de la solvabilité, imposer presque le mode de paiement qui lui paraissait présenter le plus de garanties, et se réserver, dans ses transactions commerciales, un bénéfice suffisant pour couvrir ses frais généraux, parer aux éventualités du commerce, et même pour améliorer sa position au point que l'avenir pût se trouver garanti par l'excédant des bénéfices.

Ces conditions du travail étaient normales, car si l'ouvrier avait la plus mince *part*, celle du présent, au moins avait-il l'espoir, à l'aide de son intelligence d'une part, de ses économies de l'autre, jointes à l'assistance qu'il pouvait rencontrer, de devenir maître lui-même, et de pourvoir à son avenir.

Mais dès l'instant où la production eut dépassé la consommation, les maîtres furent à la merci des intermédiaires entre le producteur et le consommateur; il leur fallut des efforts inouïs pour produire à meilleur compte, afin de s'enlever réciproquement les affaires.

Ainsi, par notre industrie, les premières économies ont été faites sur la qualité de la dorure, sur une meilleure entente de décoration pour produire autant et plus d'effet avec moins de frais de façon, sur une plus adroite distribution des travaux en atelier. Ainsi, tel ouvrier a été voué à faire toujours le même genre celui qui lui était le plus propre et dans lequel il pouvait exceller.

Mais tous ces moyens étaient insuffisants, attendu que chacun les employant, ces sortes d'avantages s'annulaient pour ceux qui s'en servaient, et, du reste, il eût fallu périr en ne les employant pas.

Alors on songea à l'économie sur les façons par la voie des travaux aux pièces et par l'exploitation des élèves : mais ces avantages n'ont pas été de longue durée, tout le monde pouvant s'en servir ; car il faut bien se pénétrer qu'en fait de concurrence, une économie, une découverte ne sont réelles qu'autant que l'on est seul à s'en servir.

Dans le cas contraire, c'est l'épuisement du métier sans profit pour personne.

Nous nous refusons, tant ces détails nous affligent, à dépeindre les mille petites ruses employées par les commissionnaires pour nous tromper sur les prix, pour nous inspirer ce sentiment mutuel d'éloignement, qui sert si bien leurs intérêts, pour exploiter la gêne juste au moment où elle se produit, afin d'obtenir, sur des prix convenus, des primes, des rabais, qui font règle par la suite.

Chaque doreur peut, à cet égard, suppléer par l'amertume de ses souvenirs, à notre insuffisance, à notre silence sur ces manœuvres, silence qui n'est motivé que par notre profonde tristesse. Ce que nous tenons à constater, c'est le malheur sans terme qui atteint tout travailleur, maître aussi bien qu'ouvrier, par la conséquence de l'isolement.

Quelles sont les conséquences de la concurrence à l'égard de la consommation, principalement sur les marchés étrangers ?

Ainsi que nous venons de le dire, les doreurs sur porcelaine, poussés par le besoin personnel de se procurer des travaux, ont diminué les prix : mais comme ces diminutions ne pouvaient plus porter sur ceux qui, déjà depuis longues années, sont très modérés, il a fallu les faire peser sur la qualité de la dorure.

Chacun s'est alors ingénié à trouver les moyens de mettre l'or moins épais, de cuire plus doux, de brunir du premier coup, pour réduire sur le brunissage. Et il faut convenir qu'une dorure non solide a, en apparence, autant et souvent plus d'éclat qu'une dorure solide.

Le consommateur n'a donc pu, en achetant, constater cette différence de qualité, qu'il ne tarde pas à reconnaître à l'usage.

Que l'on se persuade donc bien qu'en France cette défiance, très répandue, de la solidité de notre dorure, est un obstacle sérieux à la propagation de son emploi..... Et la meilleure preuve matérielle que l'on puisse en donner, c'est le succès du filet de couleur pour les services de table et ceux des limonadiers.

Le public a préféré la solidité à l'éclat.

Mais la France n'est pas le pays où nos produits soient le plus compromis, protégés qu'ils sont par la prohibition des porcelaines étrangères, anglaises principalement.

Le vrai danger existe sur les comptoirs étrangers, où nos produits avaient été dès l'abord accueillis avec une faveur légitime, due à la solidité, à la blancheur de nos matières, au goût et à l'éclat de nos dorures. Mais là aussi on n'a pas tardé à se convaincre de l'exactitude de nos remarques, et nous avons malheureusement, depuis longtemps, la preuve du discrédit attaché à nos porcelaines par la baisse successive de nos opérations à l'étranger. S'il s'y fait encore quelques affaires, elles portent principalement sur la fantaisie, qui a généralement chez nous un cachet de goût que l'on chercherait vainement ailleurs.

Quant à ces fortes commandes, à ces immenses expéditions de services riches pour l'Amérique, de tasses courantes pour l'Allemagne, elles ont disparu ou se sont pour le moins réduites dans des proportions considérables.

La faute, nous l'attribuons donc au mauvais établissement dont la concurrence est la cause.

Hâtons-nous donc de porter remède à cette funeste et si rapide déconsidération, qui porte sur les articles qui se font en plus grande quantité, et qui, conséquemment, occupent un plus grand nombre d'ouvriers et emploient davantage de matières premières.

La fantaisie, qui maintenant est seule en faveur, ne saurait alimenter nos manufactures de blanc et nos ateliers de décors.

Est-il possible, en maintenant le morcellement de notre industrie, de réglementer le travail d'une manière assez absolue pour que personne ne s'écarte ou s'affranchisse des conventions faites ?

Beaucoup de personnes songent en effet à laisser la porcelaine dans l'état où elle se trouve, pensant qu'il serait possible, à l'aide d'une adhésion générale, d'établir des conditions qui restreindraient la concurrence dans des limites loyales et profitables à tous.

Certes, ce mode serait celui qui causerait le moins de comotion, et nous nous y arrêterions aisément si nous le jugions applicable.

Mais une foule de raisons nous en démontre l'impossibilité.

Voici la première :

Peut-on espérer l'adhésion unanime des quatre-vingt-dix à cent doreurs qui composent notre industrie ?

Nous ne le supposons pas.

Un seul doreur restant en dehors de ces conventions

compromet tout ; car, par le fait qu'il serait seul à produire à tout prix ou au plus bas prix au-dessous du tarif commun, tous les travaux lui abonderaient de la part des commissionnaires. Ce serait même une tactique pour lasser les doreurs confédérés.

Mais si, au lieu d'un, il y en avait dix, vingt, cinquante (ce qui est très admissible), que deviendraient nos conventions ?

Peut-être même n'auriez-vous pas eu le temps de les proclamer !...

Car (nous en avons la certitude) pendant qu'un pareil projet d'entente s'agiterait, s'élaborerait, vous ne manqueriez pas de confrères qui traiteraient sourdement, et vous ne pourriez les contraindre à se joindre à vous sans soulever l'accusation de despotisme, d'atteinte à la liberté du commerce.

Vainement alors espéreriez-vous retenir les ouvriers à votre cause : ne les ayant pas attachés à votre sort par une association sérieuse, vous les verriez bientôt, séduits par des promesses, vous abandonner, déserter vos ateliers, et tout retomberait dans le calme primitif.

Il se présenterait un autre mode, celui d'associer entre eux, et par fractions d'ateliers, les maîtres avec les ouvriers.

Dans ce cas, vous ne changeriez encore pas la situation ; car la concurrence, au lieu de s'établir entre les maîtres, s'établirait entre les divers établissements associés, et ce serait toujours retomber dans les mêmes errements funestes.

Enfin, il y aurait encore un troisième mode à établir sur une échelle plus large, la centralisation de tous les doreurs ayant les ouvriers associés au même degré que les maîtres, pour le travail à façon de la dorure et de la peinture sur porcelaine.

Les besoins sont toujours les mêmes, nous dira-t-on, et l'union des peintres pourra maintenir ses légitimes intérêts... C'est vrai.

Mais, à son tour, l'union des fabricants procédant avec ensemble, écoulera des marchandises faites d'avance, et cela dans le but de nous vaincre.

Etablirons-nous, dans ce cas, une résistance organisée ? C'est notre droit assurément ; mais pourrons-nous l'exercer ? Autrement dit : manquant des fonds nécessaires, tiendrions-nous tête au capital représenté par les fabricants ?

Pourrions-nous attendre ? La faim n'attend pas !...

Concluons : Nous serions vaincus.

Nous pensons donc qu'aucun de ces trois modes ne réunit les conditions nécessaires pour tirer la porcelaine de l'abîme dans lequel elle est plongée.

La société industrielle, nous dira-t-on, peut-être, a toujours marché isolément, et malgré cela, des fortunes petites et grandes se sont élevées ; des ouvriers même ont pu réunir, à force de travail, d'assez fortes économies soit pour s'établir, soit pour vivre sans travailler sur leurs vieux jours. Mais peut-être, nous dira-t-on, si les choses ont toujours ainsi marché, pourquoi ne continuerions-nous pas encore? La mauvaise gestion de la part des maîtres et l'inconduite de la part des ouvriers ne seraient-elles pas plutôt la cause de la misère ?

Un tel raisonnement ne peut être tenu que par les satisfaits de l'ordre actuel, et le nombre en doit être infiniment petit.

Ainsi que nous l'avons déjà dit, il est nécessaire de bien constater la disproportion qui existe entre la production et la consommation.

Aujourd'hui que l'industrie est en mesure non-seulement de répondre aux besoins de la consommation, mais encore de les dépasser, le producteur est à la merci du vendeur.

Dans cette situation, toute possibilité de bénéfice disparaît, le besoin se satisfaisant par la voie des *soldes*, mode de vente toujours ruineux auquel le fabricant se soumet par la nécessité de se dégorger de marchandises, et pour faire honneur à ses engagements.

Nous le répétons, une fois entraîné dans cette voie, le fabricant rend son bénéfice rare et souvent impossible.

Quant à l'ouvrier, il ne peut faire d'économies, exposé qu'il est, par suite de la perturbation commerciale, à des chômages forcés.

Pour que l'ouvrier puisse vivre heureux au sein d'une société qui excite incessamment à la dépense par toutes sortes de tentations, il faudrait qu'il ne supportât jamais de chômage, que jamais il ne fût malade, qu'il n'eût de la famille que dans la proportion de son gain, qu'il ne vieillît jamais ; enfin qu'il pût vivre en dehors des lois de la nature.

Donc si les conditions de travail changent avec le temps, il faut aussi que l'organisation soit changée, le bonheur, du genre humain ne pouvant s'établir et se constituer que par l'harmonie.

Nous nous réservons de faire l'exposition de principes plus radicaux.

Quelle est la cause de la misère et de l'abjection morale et physique du travailleur ?

L'égoïsme, source de la concurrence.

Quel est le motif des perplexités incessantes de l'industrie?

La concurrence.

Quel remède apporter à la concurrence?

L'association absolue des travailleurs.

Comment doit-elle se pratiquer?

Par l'association complète de tous ceux qui participent à
la confection et à l'administration de notre industrie, pâtiers, peintres, employés, hommes et femmes.

Pourquoi associer les femmes?

Parce qu'il est juste de faire participer tout ce qui tra-
vaille aux bénéfices d'une association fondée sur les principes éternels de la justice et de la fraternité.

Comment est-il possible d'associer un si grand nombre
de travailleurs répartis sur tous les points de la France?

Par des moyens d'administration qui seront ultérieure-
ment indiqués.

La seule preuve matérielle qu'il soit présentement possible de donner, c'est l'exemple de la centralisation des
cristaux, l'établissement par actions des chemins de fer,
l'association d'une foule de maisons de banque qui, par de
vastes ramifications sagement combinées, couvrent le globe
de leurs comptoirs.

Ces sortes d'établissements sont les seuls dont la prospérité ne doive être attribuée qu'à la centralisation qui para-
lyse et annule toute concurrence.

Pour mettre en pratique une pareille combinaison, il faut
d'énormes capitaux, et les ouvriers n'en possèdent aucun.

Le capital, c'est le travail.

Il est préférable au numéraire, parce qu'il est impérissable, parce qu'il se renouvelle incessamment, et que sa
durée est fondée sur celle de l'espèce humaine.

Si le numéraire disparaissait, un État ne périrait pas
tant que le travail ne serait pas suspendu ; mais que le
travail s'arrête dans l'agriculture et dans l'industrie, quelle
valeur aura le numéraire? que deviendront ses détenteurs?

Matériellement parlant, peut-on vivre de numéraire?

Non.

Peut-on vivre de travail sans numéraire?

Oui, mille fois oui.

Le numéraire n'est donc que le signe des produits du
travail; le travail est la source incessante de la vie.

Ouvriers, vous possédez, dans le travail, la source, jusqu'à ce jour méconnue, de toutes les richesses, de toutes
les félicités,

Associez-vous, réglez une bonne constitution d'organisation du travail, adoptez-la avec la ferme résolution d'y rester fidèles..., et les capitaux vous abonderont par millions, dans les proportions de l'étendue de votre entreprise.

S'il faut des millions pour le capital social, qui osera nous les confier?

Nous l'avons dit, le capital, par lui-même, est sans valeur, ou s'éteint s'il n'est fécondé par l'industrie.

Si donc votre plan est bien conçu, s'il présente aux prêteurs toutes les garanties désirables , si , par votre union sincère et unanime, vous abolissez toute possibilité de concurrence, nul doute que vous trouviez des prêteurs nombreux ; l'État lui-même (nous en sommes persuadés) interviendrait pour garantir les capitalistes ; et peut-être qu'à la rigueur il se ferait votre banquier...

Quel intérêt peut avoir l'Etat à cautionner ou à prêter une somme si importante pour la création d'une société de travailleurs?

Politiquement parlant, le gouvernement républicain n'est qu'un moyen ; son but est l'organisation sociale et la mise en pratique de toutes les réformes qui peuvent assurer le bonheur de l'humanité. Plus une conception sera large, plus elle offrira de garanties pour l'avantage de la société , et plus alors les citoyens qui se rattacheront à cette conception pourront être assurés de son concours, de son appui.

La République trouve un intérêt très-direct à la formation de semblables associations, par les points de moralité et de fraternité qui en sont la base, par l'union, les lumières et le patriotisme qui doivent en ressortir. Ajoutons que c'est un exemple à donner, qui peut servir d'étude pratique pour les autres professions.

Mais que deviendront les maitres? que deviendront leurs établissements, si la source du travail se retire de leurs ateliers? Ce sont des ruines que vous préparez... jamais les chefs d'établissemeuts n'accéderont à un pareil projet.

L'organisation du travail ne veut la ruine de personne ;

Elle prétend, au contraire, régler et garantir toutes les destinées , aussi bien celles des détenteurs actuels que celles des ouvriers qui ne possèdent pas ;

Elle ne veut pas commettre l'injustice de mettre au dépourvu ceux qui, se croyant légitimement propriétaires du dépôt sacré de l'industrie et du travail, l'exploitaient de leurs propres deniers ;

Seulement, considérant que l'industrie résultant du travail est un patrimoine commun , que l'ignorance des temps et l'habitude de la transmission avaient fait regarder comme la propriété exclusive des plus favorisés de la fortune, la réunion toute entière des travailleurs s'offre comme liquidatrice de la vieille industrie qui croulait sur ses bases, sapée qu'elle était par l'égoïsme et la concurrence ;

Elle propose de nommer à l'amiable une commission chargée d'estimer l'actif de tous ceux qui voudront bien se fondre dans l'association, et de leur en tenir compte, à charge de faire l'abandon de cet actif estimé par les indemnisés eux-mêmes.

L'union des travailleurs déclare qu'elle n'est animée d'aucun sentiment d'antipathie contre ceux qu'elle offre d'indemniser ; elle veut, au contraire, les admettre dans son sein avec tous les avantages de suffrage qui s'y rattachent, ne voyant en eux que des frères dont l'expérience et l'intelligence lui sont précieuses.

Elle demande, au nom de l'humanité, que cette intelligence soit employée au profit de tous, persuadée que du salut commun dépendent le salut et le bonheur de chacun de ses membres.

Quelles mesures prendrez-vous envers les chefs d'établissement qui ne se rallieront pas à cette organisation, et qui, au contraire, voudront travailler isolément ?

Si de pareils faits venaient à se produire, il faudrait les attribuer à cet égoïsme aveugle et endurci, si fatalement prêché par les pouvoirs despotiques, qui n'ont dû leur si longue durée qu'à l'état d'isolement dans lequel chaque citoyen a été constamment élevé et entretenu. Nous ne doutons pas que le spectacle public d'une agglomération de travailleurs heureux et moralisés, ne réussisse à les déterminer, surtout lorsqu'ils seront convaincus par la pratique que ce mode de travail assure le présent et l'avenir.

Mais comme il est urgent de consolider nos intérêts par une prompte association, nous croirions nécessaire d'accorder un délai assez court pour se prononcer sur l'abandon ; passé ce délai, tout chef d'établissement serait son propre liquidateur, et ne serait admis dans la centralisation que sur l'assentiment d'une commission spéciale formée par la voie de l'élection.

Une pareille obstination ne nous paraît d'ailleurs pas probable. Quel serait l'homme assez prétentieux pour penser soutenir à lui seul les frais d'un établissement lorsqu'il serait privé de l'élément indispensable, le travailleur ?

Il est quelques maîtres doreurs ou fabricants qui, malgré cela, penseront encore être plus indépendants ou réaliser de plus gros bénéfices en travaillant isolément qu'en association : Comment, nous dira-t-on, les convaincrez-vous de leur erreur ?

Nous répondrons :

Qu'au point de vue de l'égoïsme même, l'association absolue des travailleurs présente des avantages que ne saurait offrir l'état d'isolément.

Le fabricant travaillant ainsi ne peut-il pas, au moment le plus imprévu, alors qu'il est dans la voie la plus prospère, être frappé par un coup inattendu, atteint d'une ruine complète?.. Une forte faillite ou de petites faillites successives ne peuvent-elles pas épuiser son aisance?...... Une suite de revers de toute espèce ne peut-elle pas miner de fond en comble la position la mieux établie?... De tels exemples ne sont-ils pas multipliés ?... et n'en pourrions-nous pas citer de terribles dans la porcelaine, si nous n'étions retenus par le respect dû au malheur ? ..

Ne sont-ce pas là des avertissements qui semblent faits pour nous prêcher l'association, pour nous avertir aussi de ne pas laisser trop haut s'elever notre orgueil! !...

Nsus pensons avoir suffisamment, quoique succinctement, indiqué les maux de notre industrie : la concurrence en est évidemment la cause originelle; c'est pourquoi nous proposons, comme moyen de la détruire, l'association générale de toute la porcelaine.

Le mode que nous offrons renferme la solution de toutes les réformes qui nous onтété signalées au point de vue humanitaire.

Les Crêches, — l'Asile, — les Caisses de secours et la Pension pour la vieillesse, s'y trouvent non-seulement prévues, mais en deviennent la conséquence forcée , un droit dont chaque associé jouira sans humiliation et sans honte, puisqu'il aura concouru de ses deniers à leur édification.

Les élèves ne seront admis qu'en proportion des besoins de l'association , après avoir toutefois reçu gratuitement les notions fondamentales propres à la spécialité dont ils auront fait choix.

Au point de vue industriel, la solution n'est pas moins satisfaisante.

L'association, en donnant aux affaires une direction unitaire, pourra apporter, à la fabrication du blanc toute la perfection désirable, à la dorure toute la solidité voulue , et conserver néanmoins à la consommation les objets courants dont elle ne saurait se passer, et dont l'usage se multipliera lorsque la dorure en sera aussi solidement établie que celle des objets les plus riches.

Les produits français, étant tous confectionnés au même degré de solidité et de perfection, reprendront faveur sur les comptoirs étrangers.

Sans augmenter les prix , nous pourrions, grâce à la loyauté de nos transactions, soutenir avantageusement la concurrence étrangère, et réaliser des bénéfices supérieurs à ceux qu'on a jusqu'à ce jour obtenus.

Or, il faut bien se le persuader, l'association apportera de notables économies dans les frais généraux, sans pour cela léser aucun intérêt.

Ainsi, les dépenses de la catégorie des peintres et doreurs s'élèveront tout au plus au tiers de ceux qui pèsent actuellement sur les quatre-vigt-dix ou cent établissements de Paris,

Par l'achat en gros des matières premières ;

Par une meilleure distribution dans le chauffage, l'éclairage , etc., etc. ;

Par la garantie contre les éventualités ruineuses provenant soit de la chimie, soit d'opérations hasardées dont il faut réparer les effets par de grands sacrifices ;

Puis encore, par l'économie sur la multiplicité de loyers de petits ateliers ;

Par l'anihilation enfin de bien d'autres causes de déperdition dont votre esprit saisit, sans aucun doute, le triste ensemble.

L'impression , ce moyen ruineux pour l'industrie et pour les ouvriers, aux mains de l'exploitation particulière, deviendra profitable en fonctionnant au profit de l'association. Ce ne sera plus alors une concurrence contre la main-d'œuvre, mais bien un puissant auxiliaire qui abrégera la durée du travail, sans porter atteinte au salaire.

Enfin, au point de vue particulier pour chaque associé, la solution est incontestablement fort bonne, attendu qu'à la certitude d'un salaire régulier viendront se joindre les économies et les bénéfices ci-dessus indiqués ;

Attendu encore que l'établissement des crèches et des salles d'asiles, les soins en cas de maladie et les retraites répondront d'avance à toutes les anxiétés, et devront puissamment exciter le zèle et l'émulation dont le concours individuel assurera le bonheur et la prospérité de la société en général.

Le dividende de bénéfice revenant , en fin d'année, à chaque associé, contribuera notablement à eméliorer sa position.

Le travail étant équitablement réparti, nul ne sera exposé au chômage,

S'il survenait un ralentissement de vente, il pèserait d'une manière égale sur chacun, ce qui ne peut se faire dans l'état actuel.

Aujourd'hui, selon la veine de l'engouement, les travaux abondent dans un atelier, tandis que les autres en sont en partie privés.

Il arrive de nos jours que lorsqu'il y a une baisse d'ouvrage, les maîtres doreurs, guidés par l'intérêt personnel, conséquence de notre fâcheuse constitution, remercient les décorateurs les moins aptes à la spécialité de leurs travaux, pour conserver ceux dont le genre leur présente plus d'avantages.

Dans une association qui sera cimentée par les liens de la Fraternité, une baisse d'ouvrage sera insensible, car elle sera supportée par tous, en réduisant la durée du travail proportionnellement à cette baisse.

Si cette baisse est d'un dixième, la durée du travail se trouvera réduite d'une heure ; elle serait augmentée dans un surcroît de travaux.

Mais une association assise sur ces bases, maîtresse de l'industrie, se réglementerait par l'étude des besoins, de manière à faire supporter au mouvement du travail le moins possible de variations.

Quant au mode de rétribution, nous avons cru devoir conserver les usages observés jusqu'à ce jour :

Les peintres, les moufletiers et manouvriers, les émailleurs, seront *à la journée* ; il est difficile, impossible même qu'il en soit autrement ; les praticiens penseront comme nous ;

Les employés seront *au mois ;*

Les pâtiers, les brunisseuses seront *aux pièces*. Nous sommes encore de cet avis, afin que le contrôle de la qualité soit plus facile et soulève moins de réclamations.

En principe, nous pensons que, cherchant à reconstituer la nouvelle société avec les éléments de l'ancienne, nous devons respecter certaines habitudes, qui n'ont d'ailleurs été contractées que dans l'intérêt de la perfecfion des produits.

Quant à la fixation du taux des journées et des appointements, nous la confions au vote, comme étant le moyen le plus infaillible et le plus équitable d'apprécier le mérite réel.

Pour chacun, à l'instant de la formation de cette association, le prix actuel de la journée pourra servir de base.

Les pâtiers, de leur côté, consentiraient à un tarif formé sur les prix anciens, et qui serait modifié selon les localités où la vie est plus ou moins chère.

Les brunisseuses auraient aussi leurs prix fixés par un tarif; les objets non tarifés s'établiraient par comparaison.

La répartition des bénéfices selon la proportion de la somme gagnée dans le courant de l'année par chaque travailleur nous a paru le mode le plus rationellement praticable.

Par ce moyen, celui qui se détournera de son travail pour des occupations qui l'attacheront davantage sera à l'abri de toutes remarques offensantes pour l'amour-propre.

Un autre motif encore nous a déterminés à ne pas nous prononcer pour l'égalité dans la répartition des bénéfices.

Nous avons, dans notre industrie, de très grandes disproportions de salaire. Dans les départements, certaines femmes ne gagnent pas au-delà d'un franc par jour au maximum; à Paris, nous avons des hommes de talent qui peuvent mériter dix francs par jour.

En admettant une durée de travail égale de la part de ces deux salaires, soit 250 journées par an,

La femme de province aurait gagné 250 francs;

L'artiste de Paris, . . . . . . 2,500 francs.

C'est-à-dire l'artiste de Paris dix fois plus que la femme de province.

Si le dividende était réparti également, non-seulement il y aurait une énorme différence entre les services rendus, et cette disproportion serait une injustice, mais encore il faut que l'on se persuade bien que la même valeur de numéraire représente en province (faisant la part des habitudes et des économies de la vie) une bien plus grande somme de bonheur qu'à Paris.

Aussi ne doutons-nous pas que 100 fr. de dividende à la femme de province qui gagne 1 fr. par jour, lui procurera autant de joie que 1,000 fr. à l'artiste de Paris dont la journée est de 10 fr.

Il est à remarquer que, par compensation, nous prélevons les frais de secours, d'éducation, de maladie et de retraites sur la part relative de bénéfice qui revient à chacun dans une proportion déterminée.

Si, par exemple, pour le travailleur auquel il revient 1,000 fr. les frais de cette nature s'élèvent dans la proportion d'un cinquième, soit 200 fr., nous ne prendrons que 20 fr. au travailleur auquel il ne reviendra que 100 fr.

Les intérêts des propriétaires de fabriques de blanc et d'ateliers de décors sont également garantis dans notre projet.

En nous rendant acquéreurs de leur actif industriel,

nous les couvrons de la valeur par des actions amortissa
bles et bénéficiant d'un intérêt de 5 p. 100 garanti par
l'Etat, lesquelles actions seront hypothéquées sur leur
propre établissement, ce qui donnera à leur titre une valeur réalisable par la vente ou la transmission.

Nous avons proposé l'amortissement de ces actions par
le sort, afin que le remboursement, étant partiel quant à la
totalité de notre dette passive, soit complet pour le porteur.

Les cessionnaires d'établissement qui voudont entrer
dans notre association concourront au bénéfice de l'élection; mais dussent-ils rester travailleurs, leur position
sera matériellement plus certaine, plus paisible qu'alors
qu'ils étaient, à leur corps défendant, exposés aux éventualités de la concurrence.

Les intérêts des marchands et des commissionnaires
sont également mieux ménagés et mieux garantis que par
le système de la libre concurrence.

Jusqu'à ce jour, le négociant n'a jamais eu la conviction
d'avoir le dernier mot du bon marché; cette anxiété dé-
rive naturellement de la crainte de payer plus cher qu'un
confrère, considéré comme un ennemi, par cela seul que
c'est un concurrent.

Ce doute est malheureusement autorisé par les rabais
continuels que nécessitent la concurrence et le besoin d'é-
couler. Cette mobilité décroissante de prix rend le négociant non-seulement marchandeur, mais encore il l'excite
à toutes sortes de captations pour obtenir de nouvelles diminutions.

Nous voulons bien croire que quelques-uns n'emploient
ces moyens que pour entrer avec des armes plus avanta-
geuses dans la lice de la concurrence, mais nous aimons
aussi à constater que la majorite ne cède qu'à l'entraînement de considérations de force majeure, et qu'en mettant
par ses mésoffres le producteur aux abois, elle ne cherche
qu'à se prémunir contre une supériorité de coût qui lui
ferait perdre ses avantages.

En venant puiser à la source commune de l'industrie, où
les prix seraient égaux, où la qualité des produits serait
la même pour tous, les marchands seraient assurés de
combattre à armes égales, et les mécomptes, les catastro-
phes deviendraient impossibles.

Un avantage bien supérieur pour le marchand ressort de
cette organisation.

Par la concurrence acharnée, nos produits subissent
une fluctuation de prix qui les met hors de cours et d'estimation; la succession rapide des formes et des prix porte

une atteinte incessante à la valeur des marchandises ac-
quises et restant en magasin.

De là une dépréciation sans limite pour les détenteurs
qui ne permet pas de déterminer une valeur fixe et posi-
tive à l'inventaire qui, pour tout négociant, est l'image de
sa position.

Tel qui croit posséder une valeur, la verrait réduite à
des proportions incroyables s'il fallait réaliser.

Cette position alarmante pour le propriétaire de marchandises devient immédiatement rassurante si, par une
centralisation qui abolit la concurrence, les marchandises
reprennent un cours fixe et régulier.

En résumé, le morcellement de l'industrie porte la plus
mortelle atteinte aux intérêts de la société en général, et à
toutes ses classes en particulier.

Non-seulement le fabricant ou doreur considère chacun
de ses confrères comme un ennemi, parce que, dans les opérations de ce confrère, il voit autant d'atteintes portées à
celles qu'il pourrait réaliser, d'autres inconvénients graves
viennent encore nuire à l'intérêt même individuel et directement matériel du fabricant.

Il existe en France environ cinquante-cinq fabriques de
blanc.

Par le morcellement de l'industrie, aucune d'elles ne peut
être informée de l'importance approximative de la consommation sur tous les points; et lorsque cette surabondance de produits se trouve entre les mains de producteurs
pressés par leurs engagements, la marchandise est offerte
au-dessous du cours ordinaire, et décroît de valeur jusqu'à ce que la modicité du prix tente un spéculateur.

Par cette transaction, la surabondance n'est pas détruite,
le produit n'a fait que changer de détenteur sans éclairer
le fabricant sur le genre et la quantité des objets à produire.

Le morcellement des dépôts présente encore cet incon-
vénient que l'assortiment complet d'objets ordinaires ne
peut se trouver dans aucun des magasins qui existent aujourd'hui; de telle sorte que, pour composer un service
de table, il le faut tirer de plusieurs magasins ou dépôts.

De là ce désaccord frappant de nuances de blanc, de
formes, de pesanteur relative, de genre de garnitures.

Et pourtant, dans l'ensemble des divers magasins de Paris, il n'y a pas pour moins de cinq millions de marchandises ! Plus d'un en possède à lui seul pour plus de quatre
cent mille francs.

A notre sens, deux millions, au *maximum*, suffiraient
dans un dépôt central, non-seulement pour présenter un

assortiment complet, mais encore pour ne jamais laisser manquer d'un article dont la vente est perdue lorsqu'il n'est pas fourni à temps, circonstance qui, dans l'ordre actuel, se représente souvent.

Ajoutons que si deux millions de marchandise constamment entretenue en magasin suffisent à remplir les besoins de la vente mieux qu'ils ne le sont avec cinq millions dans l'état de morcellement, la centralisation réaliserait sur l'économie du capital un bénéfice net de cent cinquante mille francs par an, rien que par la différence des intérêts, sans compter celle des frais de magasin, de casse et de dépréciation que doit entraîner une pareille somme de marchandise constituant une valeur morte.

Dans une centralisation, enfin, la production et la vente ne seraient plus un jeu de hasard qui engloutit presque toujours les bénéfices : le travail marcherait entouré de résultats positifs et permanents comme la vente elle-même.

Cette sûreté, fondée sur l'éternité de la consommation, assurerait le présent et l'avenir de tous les travailleurs.

Le but du labeur serait définitivement atteint.

Le présent et l'avenir étant assurés, l'ordre social, de son côté, y gagnerait considérablement dans son ensemble, par le mouvement du numéraire que la prévision d'éventualités ne forcerait plus à retenir.

Les inquiétudes étant dissipées, plus ne serait besoin d'amasser, de thésauriser ; la circulation deviendrait plus active, la consommation plus grande, et le bien-être non-seulement augmenté, mais généralisé.

Enfin, par l'application de ces principes, nous rendrions au grand tout de la société ce que nous en aurions reçu ; nous lui donnerions, en proportions égales, autant de consommateurs que de producteurs.

Si l'on nous demande pourquoi existent les désordres que nous signalons, nous répondrons qu'ils se sont progressivement amoncelés, qu'ils sont tolérés à cause de leur ancienneté, et par suite de l'habitude qu'on a de les subir ; mais que, de ce qu'un mal est ancien, ce n'est pas une raison pour le laisser éternellement subsister, et qu'il est du devoir de tout homme consciencieux et ami de l'humanité, après avoir signalé le mal, de rechercher le remède.

Par ces motifs, nous venons vous proposer le projet suivant, qui, selon nous, peut réparer bien des désordres et garantir l'avenir.

Nous appelons l'attention de chacun sur ce travail, et nous provoquons, au nom de l'humanité, toutes les discussions qui pourraient éclairer l'opinion.

La commission nommée par les peintres et doreurs sur porcelaine, dans l'assemblée du 12 mars 1848 ;

Par suite des diverses considérations qu'elle vient de produire ;

Après avoir mûrement examiné le sens des diverses communications que bon nombre de membres travailleurs en porcelaine ont bien voulu lui faire parvenir ;

Désireuse de concilier les intérêts de tous les travailleurs et fabricants, sans exception ;

Frappée des funestes résultats de la lutte ruineuse et exterminatrice que se font entre eux les fabricants et les doreurs ;

Convaincue que cette lutte, en se prolongeant, ne ferait qu'accroître les maux qui nous affligent ;

Qu'un tel état de choses porte une atteinte mortelle, non-seulement aux intérêts matériels, mais encore aux principes moraux et primordiaux qui devraient régir la société, la *Liberté*, l'*Égalité*, la *Fraternité*;

Que, par suite de cette concurrence, l'ouvrier est encore plus directement atteint par l'exiguité de ses ressources qui ne proviennent que du travail ;

Qu'il est constamment menacé et frappé par le chômage ;

Que le chômage résulte, en majeure partie, de la mauvaise distribution du travail, de l'exploitation des apprentis dont on se sert comme mesure d'économie ;

Que cette situation menace dans leurs intérêts les plus directs le fabricant et l'ouvrier, ce dernier surtout ;

Que, malgré l'apparence de la stabilité du salaire, il y a réduction évidente, par l'augmentation des denrées et des autres charges de la vie sociale, par l'habileté ou l'adresse que chacun acquiert successivement, sans profit pour le salaire ;

Considérant que l'avenir est des plus alarmant, par l'impossibilité d'y pourvoir par le salaire et par le défaut d'institutions à cet égard ;

Attendu que, par le morcellement des fabriques et ateliers, notre industrie manque de direction unitaire ;

Que cette absence de direction unitaire entraîne :

Une surabondance de produits qui dépasse de beaucoup la consommation, surabondance toute naturelle, puisque personne n'est averti de l'étendue ni de la probabilité des besoins,

Un emploi trop considérable de capitaux immobilisés,

Un abaissement continu dans la qualité de nos produits,

Un discrédit certain de ces produits à l'étranger,

Une éventualité perpétuelle de risques dans les affaires,

Un isolement fatal pour les citoyens et pour l'État, isolement qui nous ôte la possibilité de rivaliser avec les concurrences étrangères qui nous débordent en progrès industriels, parce qu'elles sont centralisées ;

Considérant que de la disproportion de la production à la consommation, il résulte que le fabricant n'est plus arbitre de ses prix;

Que la majeure partie de ses affaires se fait par le mode ruineux des soldes ;

Que la faillite et le désespoir sont l'inévitable fin de ce défaut d'entente;

Enfin que tous ces malheureux résultats ne profitent même pas au consommateur par la mauvaise qualité des produits que la concurrence nous oblige à lui fournir ;

Vu toutes ces considérations d'une exactitude malheureusement trop évidente ;

La commission propose, comme remède immédiat et comme garantie impérissable de l'avenir :

1° D'unir dans une association complète tous les travailleurs, en porcelaine des fabriques de France, blanc et décors par voie d'adhésion écrite, en posant ce principe que tout travailleur est associé ;

2° D'obtenir le plus grand nombre possible d'adhésions à la société;

3° De déterminer les salaires par la voie du vote;

4° De proportionner les salaires au talent et à l'habileté ;

5° De laisser à chaque travailleur la faculté de ne travailler que selon la mesure de ses forces ou selon sa volonté;

6° D'admettre tous les associés à la participation des bénéfices à la fin de chaque année',

8° D'établir la part de chacun dans cette répartition, au prorata de la somme gagnée par lui dans l'année;

9° De faire supporter à chaque associé une retenue proportionnelle, pour le remboursement du capital avancé, cette retenue donnant droit à une action individuelle qui constatera la part de propriété de chacun.

Cette association serait établie au moyen d'un emprunt suivant le mode indiqué à la suite du présent projet.

Nous résumerons ainsi les principes fondamentaux de la société :

Elle est basée sur le principe de l'égalité des droits et des devoirs.

Chaque travailleur est associé.

Tout associé peut aspirer à tout espèce d'emploi, par voie d'élection.

Il ne peut exercer qu'un seul emploi salarié;

Tout autre est honorifique.

La société ( par la voie de centralisation ) ayant pour but l'abolition de la concurrence, au profit commun, nul ne peut rester ou fonctionner en dehors de la société.

Voulant encourager le talent et l'intelligence, protéger le labeur contre la paresse, la société déclare :

Que la rétribution du salaire sera en proportion du mérite et de l'habileté, pour les travailleurs à la journée;

Que pour les travaux à façon, ils seront rétribués à des prix égaux, s'il y a, dans leur exécution, égalité de mérite;

Que la répartition des bénéfices sera, aux termes fixés, en proportion de la somme gagnée pendant une période de travail.

La Société prend à sa charge le soin des maladies, quelle qu'en soit la durée, les travailleurs devenus invalides à son service, et les vieillards incapables de travail.

Ainsi :

Présent assuré ;

Dividende de bénéfices garanti au bout de l'année;

Avenir également assuré par le fonds de prévoyance ;

Réhabilitation de notre industrie à l'étranger ;

Son développement à l'intérieur ;

Et enfin, moralisation par le bien-être.

Pour parvenir plus sûrement et plus aisément à la réalisation de ce dernier avantage, il serait fait sur la part des bénéfices de chaque travailleur, un prélèvement suffisant pour couvrir les dépenses des institutions suivantes ;

En province :

Une crèche,

Une salle d'asile,

Une pharmacie,

Un médecin de la Société.

Dans le cas où ces diverses institutions existeraient dans la localité, l'association paierait, pour chaque associé, les frais qui en résulteraient pour lui.

Il en serait de même à Paris, où il existe non-seulement des établissements de secours, mais encore des écoles à tous les degrés. La commission pense que la Société devrait s'en rapporter à la sollicitude éclairée des parents.

Son intervention deviendrait encore inutile en cas de

maladie, attendu que la capitale possède une foule de médecins auxquels chaque client accorde sa confiance. L'association, en laissant la plus entière liberté sur le choix des moyens curatifs, se bornerait à assister l'associé, pendant toute la durée de sa maladie, par des secours pécuniaires quotidiens, dont l'importance serait déterminée.

Il serait accordé aux vieillards et aux associés devenus infirmes, une retraite proportionnée à la cherté des besoins de la vie, selon les localités.

Ces bases générales posées, il s'agirait de procéder à la liquidation des établissements existants;

Voici le mode que nous proposerions d'adopter :

Nous offririons à chaque fabricant ou doreur de l'indemniser de la valeur de son actif, établissement, ustensiles, matières premières et marchandises.

Le paiement serait effectué en espèces ou en un titre d'action garanti par l'Etat, et dont le remboursement aurait lieu par le tirage au sort d'un nombre déterminé de ces actions, chaque année.

Le remboursement en espèces s'opérerait à des termes déterminés.

L'autre mode de remboursement se ferait partie en actions, partie en espèces comptant ou à termes.

L'estimation de l'actif serait faite par une commission spéciale nommée à cet effet, et présidée par un commissaire désigné par le gouvernement.

Dans l'hypothèse de l'adoption de notre projet soit par l'unanimité, soit par la grande majorité du nombre ou de l'importance, les divers centres manufacturiers seraient ainsi réglés :

*Paris. — Doreurs.*

Tous les établissements actuellement existants seraient supprimés.

Un établissement central serait créé pour Paris.

Il serait distribué en ateliers spacieux, bien aérés et disposés de manière à pouvoir se ramifier entre eux et communiquer avec les moufles et les magasins de blanc destiné au décor.

Les ateliers de brunisseuses à la suite des moufles.

Plus, les bâtiments accessoires pour l'administration.

Le travail se répartirait comme suit :

Tous les ouvriers ne travailleraient qu'à la journée.

Les travailleurs se réuniraient par groupes identiques de spécialité.

Ainsi, pour les peintres de fleurs, il existerait trois ou quatre ateliers de genres différents.

Pour les poseurs de fonds, un ou deux ateliers ;

Pour les doreurs, un ou plusieurs ateliers, toujours classés par genres ;

Pour les décorateurs, plusieurs ateliers classés de la même manière ;

Ainsi de suite, pour les peintres en figures, en paysage ; pour les écrivains, les fileurs, les brunisseurs à l'effet, pour toutes les spécialités, enfin, de notre industrie.

Il est de la plus haute importance, pour la distribution des travaux, que les spécialités soient ainsi classées. Les hommes pratiques nous comprendront assez sans qu'il soit nécessaire de nous appuyer sur des exemples.

Chaque atelier aurait un chef chargé de veiller à la conduite des travaux, à l'inscription du temps, au prix de revient, de s'occuper, enfin, de tout ce qui compose la direction.

Ce chef serait choisi parmi les travailleurs à la majorité des voix de l'atelier.

Les brunisseuses éliraient également leurs directrices d'atelier.

Eu égard aux soins de la famille, les brunisseuses (mais elles seules) pourraient avoir la faculté de travailler hors de l'établissement de l'association.

Les brunisseuses externes se choisiraient aussi leur directrice.

Il existerait un directeur général élu par tous les travailleurs en assemblée générale.

Les fonctions du directeur général consisteraient :

A répartir dans les divers ateliers les travaux qui arriveraient à l'établissement central des décorateurs ;

A veiller à l'exécution de ces travaux conformément aux commandes, et à leur achèvement aux époques indiquées par le dépôt central de Paris.

Il serait assisté de quatre ou six employés ou distributeurs.

Ces derniers seraient chargés de recevoir et reconnaître les commandes tant à leur arrivée qu'au moment de la livraison.

De les distribuer et de les réunir au fur et à mesure de leur confection.

Un bureau de comptabilité établirait les diverses écritures suivant la spécialité de cette administration.

Il y aurait à *Limoges* un établissement de dorure fondé sur les mêmes bases.

*Fabrique de Blancs pour toute la France.*

Ces fabriques fonctionneraient d'après les principes que

nous venons d'exposer, en faisant toujours ressortir de l'élection les divers emplois.

Seulement, pour ne pas déplacer de sa position l'ouvrier attaché au sol par les liens de famille, par la propriété ou par l'habitude, comme aussi par le motif d'économie des matières premières et des dépenses de la vie, qui sont à meilleur compte en province, et surtout dans les campagnes, on maintiendrait dans les départemens des centres manufacturiers.

Les petites fabriques seules seraient supprimées par mesure d'économie administrative, et leur population laborieuse admise dans les centres les plus voisins.

Des directeurs, en nombre proportionné à la quantité de travailleurs, seraient élus parmi les mouleurs, les tourneurs, les gazetiers, les journaliers, les émailleuses, etc.

Un directeur-général présiderait à l'ensemble de l'administration.

Il aurait pour assesseurs les directeurs ou chefs d'atelier.

Dans chaque centre manufacturier serait formé un conseil supérieur, composé du directeur en chef, qui en ferait partie de droit,

De quatre chefs d'atelier choisis par l'élection générale du centre manufacturier.

De six ouvriers.

Ce conseil aurait pour mission d'examiner les actes administratifs du directeur-général ;

De prendre connaissance des réclamations qui lui seraient adressées, quelle qu'en fût la source, et de statuer sur ces réclamations ;

De prendre l'initiative de mesures réglementaires, de progrès industriels qui pourraient intéresser le centre manufacturier ;

(Toutefois ces mesures réglementaires n'auraient force de loi qu'après leur adoption par les travailleurs) ;

De se prononcer sur l'opportunité de l'acquisition des matières premières, et sur leur valeur, de telle sorte qu'aucun achat ne pût être fait sans l'assentiment du conseil.

Les motifs d'exclusion de l'association seront débattus et établis, lors de la formation de la Société, par l'assemblée générale, à laquelle seule appartient le droit de statuer à cet égard.

Nous signalerons seulement aujourd'hui une considération qui nous paraît d'une haute importance morale, celle de maintenir du travail, sous certaines conditions, à celui des membres contre lequel la Société se serait vue dans la nécessité de prononcer l'exclusion de son sein.

Le conseil central d'administration siégera à Paris.

Il sera composé :
D'un membre désigné par le Gouvernement,
Du directeur-général,
Du caissier,
Des directeurs de chaque centre, lorsqu'ils se trouveront à Paris,
De quatre employés supérieurs (commis à la vente, à la dorure et au blanc),
D'un ouvrier député de chacun des centres manufacturiers. (Ces ouvriers, durant leur séjour à Paris, travailleront dans les ateliers de leur spécialité.)
Ce conseil central d'administration dirigera la vente,
Distribuera les commande,
Opérera les recettes,
Accordera ou supprimera les crédits,
Surveillera la direction et la distribution des finances de la Société.
Il rendra, à des époques qui seront uitérieurement fixées, un compte de la situation matérielle et morale de l'association sur tous les points ;
Il veillera à la répartition des fonds de secours et des dividendes de bénéfices ;
Il aura le droit de prendre toutes ies mesures d'ordre administratif qui lui paraîtront indispensable aux intérêts de l'association.

# STATUTS

POUR

## LA CRÉATION D'UN EMPRUNT PAR ACTIONS

### AMORTISSABLES PAR ANNUITÉS

*Pour l'Etablissement d'une Association centrale des Travailleurs en porcelaine.*

## PROJET.

Entre les associés présents et à venir,
Il a été fait et créé ce qui suit :
Il est créé, pour l'exploitation en commun de la porce-

laine, une Société en participation de bénéfice, relative au gain de l'année.

Tout travailleur, homme ou femme, est associé.

Cette Société prendra le titre d'*Association générale des travailleurs en Porcelaine*.

**Nota.** Il est bien entendu que les chiffres qui vont suivre ne sont et ne peuvent être que fictifs, mais cependant établis aussi approximativement que possible de l'importance du projet.

Cette Société est fondée au capital social de HUIT MILLIONS divisés par quart, en actions de   1,000 francs.

500
250
100

Il y aura deux natures d'actions, savoir :

Actions d'emprunt, au capital de huit millions.

Actions d'amortissement, au capital de pareille somme.


*Action d'emprunt.*


L'action d'emprunt est transmissible ;

Son intérêt est de 5 0/0 payable par trimestre.

Le versement se fera immédiatement ou par quart de mois en mois. au siége de la Société, à la Banque de France, ou chez un banquier désigné.

Les sommes partiellement versées ne rapporteront intérêt qu'au fur et à mesure des versements.

Chaque année il sera amorti un dixième, un quinzième ou un vingtième de ces actions, selon la décision du conseil supérieur d'administration.

L'amortissement s'opérera par la voie du sort.

(Comme, dans ce cas, on suivrait la méthode adoptée par la ville de Paris pour le tirage de ses oblgations, peut-être serait-il à propos d'allouer, comme elle, des primes aux numéros sortis les premiers.)

L'action d'emprunt ne s'adresse pas seulement aux travailleurs associés, mais encore à toutes les conditions hors de notre industrie.

L'administration pourra donner des actions d'emprunt en paiement des établissements qui auront été cédés à l'association, lorsque cela entrera dans les convenances des personnes intéressées.

Ces actions porteront intérêt au profit des détenteurs, à partir du jour où la centralisation entrera en possession de l'établissement pour le prix duquel elles auront été délivrées.

*Actions d'amortissement.*

Ces actions sont personnelles.

Le fonds qu'elles représentent est exempt d'intérêts pour la société.

Le porteur ne peut en exiger le remboursement que dans le cas où il se retirerait de l'association.

Dans ce cas, il devra avertir le conseil supérieur de sa demande en radiation trois mois au moins avant sa retraite.

Le titre de l'action portera la mention qu'il ne peut être engagé.

En cas de décès, les héritiers du propriétaire de cette action en recevront le remboursement.

Un héritier pourra également jouir du bénéfice de cette action s'il est apte au travail de notre industrie, ou s'il y peut remplir un emploi, et que la Société, par l'organe de son conseil supérieur, l'admette dans son sein à titre d'associé.

L'action d'emprunt sera délivrée gratuitement à la fin de la première année.

Chaque associé aura une valeur d'action correspondant à la valeur de son salaire journalier.

A la fin de l'année, et au fur et à mesure des versements pour remboursement d'action, il sera délivré un reçu de ces divers versements, dont le montant sera inscrit au compte de chacun sur le grand-livre de la Société.

Lors de la liquidation définitive des coupons d'emprunt, les coupons d'amortissement seront échangés en actions liquidées toujours sans bénéfices d'intérêt.

Imprimerie de J. DUPONT, rue des Boucheries-St-Germain, 38.